In der Toten Zone

–

Ein Tagebuch
aus einem kleinen Dorf
am Rande des Harzes

Bernd Sternal

Sternal Media

Bibliografische Information der Deutschen Nationalbibliothek
Die Deutsche Nationalbibliothek verzeichnet diese
Publikation in der Deutschen Nationalbibliografie;
detaillierte bibliografische Daten sind im Internet
über dnb.d-nb.de abrufbar.

Impressum:
© 2019 Bernd Sternal
Herausgeber: Verlag Sternal Media

Gestaltung und Satz: Sternal Media, Gernrode
www.sternal-media.de
www.harz-urlaub.de
Titelbild: Ölgemälde (bearbeitet) von Angela Peters,
Elbingerode

1. Auflage Dezember 2019
ISBN: 978-3-7494-9748-5
Herstellung und Verlag:
BoD-Books on Demand, Norderstedt

Vorwort

Als nach dem Ende des Zweiten Weltkriegs Deutschland unter den Alliierten und der Sowjetunion aufgeteilt worden war, begann sich eine Entwicklung abzuzeichnen, die sich stetig weiter zuspitzte. Es ging um die Deutsche Frage und was aus Deutschland in Zukunft werden sollte.

Im Frühjahr 1947 fand dazu in Moskau eine Konferenz der Außenminister der vier Siegermächte statt. Man konnte sich jedoch nicht einigen und die Spaltung Europas in die Westmächte und den Ostblock vertiefte sich: Es war der Beginn des Kalten Krieges – einer zu tiefst ideologischen Auseinandersetzung zwischen Kommunismus und Kapitalismus.

Es wurde mit fast allen Mitteln gekämpft, glücklicherweise jedoch kam es zu keinen kriegerischen Auseinandersetzungen zwischen den Hauptakteuren USA und Sowjetunion.

Besonders die Amerikaner setzten schon früh auf Umerziehung: Sie wollten die amerikanische Demokratie und Lebensweise auf Deutschland und möglichst ganz Europa übertragen, wozu zahlreiche Schriften erschienen. Das reichte den Amerikanern jedoch nicht, sie wollten die Menschen zudem vom Widersinn des Kommunismus überzeugen.

Auch die Sowjets waren ab 1947/48 überaus aktiv in der Herausgabe von Broschüren, die in die Westzonen verbracht wurden und den US-amerikanischen Kapitalismus brandmarkten.

So ging es hin und her und keine Seite schenkte der anderen etwas. Es wurden in beiden Lagern Verlage gegründet, die nur einen Zweck hatten: dem politischen Gegner mit Schriften Schaden zuzufügen.

Nachdem im Mai 1949 die Bundesrepublik Deutschland in den Westzonen gegründet worden war, zog die Ostzone im Oktober 1949 nach und gründete die DDR.

Das Folgejahr 1950 beendete dann die unmittelbare Nachkriegszeit und leitete eine neue politische Zeitspanne ein, die gekennzeichnet war von der Wiederbewaffnung beider deutschen Staaten. Der Kalte Krieg nahm an Fahrt auf.

In der Bundesrepublik kam eine gewisse Angst vor einem kommunistischen Putschversuch von Seiten des Ostens auf. Die Bundesregierung reagierte jedoch nicht mit Gegenschriften in der DDR. Dennoch entstanden 1950 in der Bundesrepublik etwa 50 Vereine, die sich als Ziel die Bekämpfung des Kommunismus in der DDR gestellt hatten. Einige davon agierten bis Anfang der 1960er Jahre.

In der DDR wurde auch gekämpft: gegen den Kapitalismus. Nur ging dieser Kampf von der SED, ihren Organisationen und ihren staatlichen Machtinstrumenten aus.

Wo in der Bundesrepublik demokratische Strukturen bestanden und sich verfestigten, gab es in der DDR die sozialistische Staatsdoktrin von der Sozialistischen Einheitspartei Deutschlands. Doch nicht alle DDR-Bürger wollten sich diesen Ideologien unterziehen. Viele flüchteten in den Westen, andere wurden verhaftet und ein großer Rest nahm einfach alle Repressalien gleichmütig hin.

Besonders hart von der restriktiven Politik der SED waren die westlichen Grenzgebiete der DDR betroffen, wie ich aus eigener Erfahrung weiß. Wer in diesen Gebieten lebte, musste absolut systemtreu sein, andernfalls wurde er umgesiedelt oder sogar verhaftet. Viele Menschen aus diesen Grenzgebieten suchten daher ihr Heil in der Flucht nach Westen. Die Ortschaften dort waren infiltriert von Spitzeln und alles Leben wurde überwacht. Mit der Grenzschließung 1961 war den Menschen dann der Weg nach Westen endgültig verbaut. Man musste sich nun vollständig mit dem System arrangieren, wollte man nicht umgesiedelt oder verhaftet werden. Die Menschen in diesen Grenzgebieten lebten mit starken Einschränkungen: Besuch durften sie nur mit staatlicher Genehmigung bekommen. Kein Wunder also, dass die Menschen dort besonders unzufrieden waren.

Einer dieser Unzufriedenen hat über knapp zwei Monate – von Mai bis Juni 1952 – über sein Leben und die Ereignisse in seinem Grenzdorf nahe des Harzes Tagebuch geführt. Dieses ist dann wohl in den Westen gelangt und dort veröffentlicht worden. Herausgeber des kleinen Heftes war einer der genannten 50 Vereine: Freiheit – Aktion der Jugend, Bundesstelle Bonn.

Über diesen Verein konnte ich keine weiteren Informationen mehr recherchieren – er bestand wohl nicht sehr lange. Von dem Tagebuch, das vom Autor nur mit K.L. gezeichnet wurde, kann angenommen werden, dass es in den Westen geschmuggelt wurde. Wäre der Autor, der von mir nicht zu verifizieren war, ebenfalls in den Westen gegangen, so hätte er auch Örtlichkeiten und Personen benennen können. Er wollte jedoch sicherlich unerkannt bleiben und hat daher Kürzel genommen, die nicht mehr aufzulösen sind.

Ein interessantes und auch bedeutendes Zeitdokument bleiben diese Aufzeichnungen dennoch. Ich habe mich daher entschlossen, das Tagebuch im Originaltext neu herauszugeben.

Falls die Leserinnen und Leser Informationen zum Autor und zu den Orten der Ereignisse beisteuern können, würde ich mich über entsprechende Informationen sehr freuen.

Bernd Sternal

Gernrode, Dezember 2019

Karte auf Seite 8 - 9:
Deutschland mit Besatzungszonen und
Postleitgebieten 1946.

Postleitgebiete

1 Berlin u. Vororte
2 Brandenburg (westl. der Oder)
3 Mecklenburg u. Vorpommern
10 Sachsen (Bundesland)
13a Nordbayern
13b Südbayern
14a / 14b Württemberg {O.P.D. Stuttgart / O.P.D. Tübingen}
15 Thüringen
16 Hessen-Nassau
17a Baden
18 Westmark (Rheinpfalz u. Saargebiet)
19 Provinz Sachsen
20 Hannover-Braunschweig
21a / 21b Westfalen {O.P.D. Münster / O.P.D. Dortmund}
22a / 22b Rheinland {O.P.D. Düsseldorf u. Köln / O.P.D. Koblenz u. Trier}
23 Bremen-Oldenburg
24 Hamburg-Schleswig-Holstein

Deutschland
mit Besatzungszonen u. Postleitgebieten
Besetzt durch

Amerika   England   Rußland   Frankreich

0 20 40 60 80 100   150   200   250   300km

54, ROSENTHALER STR. 10   PREIS 50 PF — Genehmigung Nr. 3289 — 29.4.46

Einführung

Das kleine Dorf am Rande des Harzes ist nun schon fast 7 Jahre lang meine Heimat. Es liegt in einem der Täler, die einstmals in der Eiszeit entstanden sind. Die Bauern merken es an den vielen Steinen, die im Acker liegen.

Hinter dem Dorf steigt das Gelände an. Der steile Hang ist mit Laubbäumen bepflanzt. Das Dorf ist ein reines Bauerndorf.

Es war ein friedliches Leben dort, bis die Russen kamen. Wir lebten dort wie in einer großen Familie. Aber damit war es dann vorbei, als das Dorf 1945 Zonengrenzdorf war und den Russen übergeben wurde. Die Gemeinschaft zerfiel sehr schnell. Misstrauen und Neid trennten alte Freunde, sogar Verwandte. Die Angst tat ein Übriges.

Aus dem stillen Bauerndorf wurde sehr schnell eine „Menschenschleuse". Wohl war die Zonengrenze für jeden Personenverkehr hin oder her gesperrt. Aber der illegale Grenzverkehr suchte sich seine eigenen Wege. Das Dorf lag günstig, die Wege zur Grenze hin waren durch Wald gedeckt. Wer den weiten Anmarsch hinter sich hatte, der war schon fast drüben: der Mann wollte zur Frau, die im Westen war, die Braut zu ihrem Bräutigam. Sie standen abends vor den Häusern: Wo sind wir? Sind hier Russen? Um

Gottes Willen, noch immer im Russischen? Helft uns rüber! – Es wurde ihnen geholfen. Das hat wohl so angefangen, dass der Dank für gewährte Hilfe mit einem Geldschein ausgedrückt wurde. Das nächste war dann die Forderung danach. Schließlich gab es einen festen Satz für eine „Grenzführung". Das Dorf hielt auf sich. Es brauchte erst gezahlt werden, wenn „es" gelungen war.

Da kam Geld unter die Leute. Zu kaufen gab es nichts, außer Alkohol. Er war zwar teuer, aber was tat das? Es ist zu dieser Zeit mehr getrunken worden, als je zuvor.

Wer nicht arbeitete, bekam nur die Grundkarte ohne Zusatz. Die Frauen gingen mit auf die Felder, wie schon immer, nur zahlreicher und häufiger und länger. Das Familienleben zerfiel sehr schnell. Abends fanden dann die Versammlungen statt; wer nicht erschien, tat dadurch seine Ablehnung kund. So war die amtliche Verlautbarung.

Eines Tages wurde einer zum Russen in die Kommandantur bestellt: „Du nicht gut sprechen über Russland!" Er saß zwei Tage im Keller und durfte dann wieder gehen. Es war eine stumme und wirkungsvolle Warnung. Wer mochte ihn denunziert haben? Plötzlich war das Misstrauen da; es ließ die Leute nicht mehr los. Man konnte niemanden mehr trauen. Keiner wusste, ob der andere, ja, ob der Freund nicht hinging und ihn anzeigte. Das große Schweigen begann. Wenn ich mit Freunden aus dem Westen zusammen war, dann musste ich erzählen. Aber das war schwer und ging nicht recht. Merkwürdig, man kann das Entscheidende nicht in Worte fassen, man muss es miterleben. Ob es besser geht, wenn man die Ereignisse des Tages aufschreibt?

So kam ich dazu, ein Tagebuch zu führen. Je mehr wir uns voreinander verkrochen, je einsamer wir untereinander wurden, desto mehr hatten wir das Bedürfnis, die drängenden Gedanken auf andere Weise loszuwerden.

K.L.

16. Mai 1952

P. hat mit zugeflüstert, die Seuchenpolizisten hätten Spitzelaufträge. Sie sollen uns von den Erfolgen der DDR überzeugen und feststellen, wer gegen die Regierung ist. Ein Glück, dass es immer noch Anständige gibt, die einen warnen.

17. Mai

Heute große Unruhe im Dorf, weil niemand auf die Felder kann. Es steht alles prächtig, aber das Unkraut nimmt überhand und müsste gehackt werden. Der Tierarzt aus ... soll gesagt haben, es sei besser, hier verkäme das Korn auf dem Halm, als dass die ganze DDR die Seuche bekäme. Dabei soll sie schon längst im Lande sein.

18. Mai

P. erzählte mir heute Morgen, dass die Seuchenmänner abends an den Häusern stehen und auf das Radio achten. Es ist mal wieder soweit, dass man Radio nur noch mit der Decke über dem Kopf hören kann.

Milch darf nun auch nicht mehr zur Molkerei gebracht werden. Die Bauern können damit machen, was sie wollen. Viel gibt es ja nicht. Bei

S., der die Seuche noch nicht gehabt hat, kann man Butter kaufen. Das Pfund kostet 8,50 Ostmark und ist damit billiger als im HO. Aber mir ist nicht wohl bei der ganzen Geschichte. Das Abgabe-Soll für Milch wird bleiben und nur wenig gesenkt werden. Wie soll das Dorf die fehlenden Wochen einholen? Das Soll ist in normalen Zeiten schon hoch genug.

20. Mai

Gemeindeschwester und Dr. K. getroffen. Sie sind die einzigen, die die Verbindung zur Außenwelt aufrechterhalten.

21. Mai

Frau Z. jammerte mir vor, womit sie das verdient habe, dass ihre Ziege nun auch sicherlich einginge. Verdient? Dies Volk denkt nur in den Begriffen von Lohn und Verdienst. Aber es ist nicht einmal schlecht, denn es gibt noch eine letzte Bindung. Schlimmer ist, dass sie meinen, Gott wäre gleichsam verpflichtet, ihren Fleiß anzuerkennen.

22. Mai

Gestern Abend zu Besuch beim Pastor. Er freute sich, dass mal jemand kam. Pastor N. ist ein freundlicher Mann, immer herzlich. Warum die Leute ihn eigentlich nicht mögen, weiß ich nicht. Ob sie ihm nicht vergessen können, dass er ihnen beim Erntedankfest vor zwei Jahren gesagt hat, sie seien nur noch dem Namen nach Christen? Es ist ja vielleicht wohl so. Ich fragte ihn, ob er denn meine, dass der Bolschewismus, wie wir ihn auf dem Hals haben, auch von Gott käme? Er schwieg lange, aber dann sagte er mir, manchmal wisse man tatsächlich nicht, ob Gott am Werke sei oder der Teufel. Aber dann dürfe man sich damit trösten, dass Gott stärker sei, dass er alles zum Guten wenden könne. Es ist vielleicht nicht so einfach, das zu glauben. Nach außen hin gewährt der Kommunismus ja Glaubensfreiheit, aber er verweigert doch die Glaubensgestaltung, d.h. ein Leben nach dem Glauben. Warum sollen denn sonntags, gerade zur Zeit des Gottesdienstes, Kartoffelkäfer gesucht werden? Jeder hat zu erscheinen, wer es nicht tut, erhält ein Strafmandat. Das ist eine klare Behinderung des Gottesdienstes.

Ich habe das Empfinden, Christentum und Kommunismus oder Bolschewismus sind einander völlig entgegengesetzt. Man kann beim Kommunismus sogar von einer falschen Religion sprechen, und auf die Dauer wird man um eine klare Stellungnahme nicht herumkommen.

25. Mai

Schmiedemeister M. ist völlig verbittert. Er hat kein Material und flickt nur herum, und dann zahlen die Bauern nicht, weil sie nicht können. Für den Zentner Weizen, der nach dem Soll abgeliefert werden muss, kriegen sie nur 10 Ostmark. Das reicht gerade für die Unkosten. Nur für das Korn auf „freie Spitze" gibt es höhere Preise. Aber wer hat schon viele „freie Spitzen"? Dabei haben gerade in unseren Dörfern die Bauern noch Glück. Die Äcker liegen zum Teil im Westen und wurden nicht mitveranlagt.

Die Erträge aber konnten sie für sich verwerten. Jetzt hat die Polizei das Bestellen der Felder drüben verboten oder von einer besonderen Genehmigung abhängig gemacht. Das ist praktisch dasselbe.

Der Schmied kochte: „Wir haben ja selbst schuld, dass es uns so geht, warum lassen wir uns alles gefallen? Was wollen sie denn machen? Alles kaputtschlagen! Nein, so geht es auch nicht. Auf diese Weise wird der Kommunismus den Kapitalismus nicht überwinden."

Mit B. gesprochen: Es dauere nicht mehr lange, die Wirtschaft sei am Ende. Es sei genau wie 1944. Er war fast böse, als ich ihm sagte, dass unter dem Bolschewismus nichts zu Ende gehe. Irgendwie geht es doch weiter und sei es auf diese Weise, dass man aus drei Maschinen Teile herausbaue, um die vierte in Gang zu setzen. Dann läuft die wenigstens. Für die 3 zerstörten anderen wird irgendwer gefunden, der, als Saboteur im Schauprozess verurteilt, ins Zuchthaus kommen kann (Wie gut, dass man noch mit einem Menschen offen reden kann.).

Die meisten Bauern sind mit der Seuche durch. Nun fangen die Ziegenhalter an. Die Verluste an Großvieh sind traurig: über 30 Stück.

Die „Seuchenmänner" haben sich ihre Mädchen ins Dorf geholt oder eines im Dorf gefunden. Eine Flüchtlingsfrau, die bei den alten R's wohnt, hatte einem Funktionär eine Westillustrierte gezeigt und ist deswegen verhaftet worden. Nach 3 Tagen war sie aber wieder da. Man sieht ihr an, dass sie es nicht gutgehabt hat. Aber sie erzählt nichts.

Die fremden Mädchen dürfen übrigens wieder aus dem Dorf hinaus. Typisch! Frau R., deren Mann sterbenskrank in der Stadt im Krankenhaus lag, durfte ihn nicht besuchen, aber die Freundinnen der Polizisten dürfen das Dorf verlassen.

26. Mai

Die Regierung hat die „Sicherung der Grenze" angedroht. Dass irgend so etwas kommen würde, haben wir ja gewusst. Seit Wochen haben die volkseigenen Betriebe aus den Grenzbezirken „einstimmig" angenommene Resolutionen nach Berlin geschickt und um Schutz gegen die „frechen Provokationen westlicher Saboteure und Agenten" gebeten, die mit der Schusswaffe in das Gebiet der DDR eindringen und harmlose Volkspolizisten niederschießen. An den Wänden der Häuser in den Grenzorten kleben Flugzettel: „Die Schüsse von Borghagen sind ein Final!". Angeblich sollen nachts an mehreren Stellen Volkspolizisten von Westen her beschossen worden sein. Die Freundin des einen, der beschossen worden sein soll, hat aber erklärt, das stimme gar nicht. Dass sie es wagen, so offen zu lügen!

In der Leipziger Zeitung hat wirklich gestanden, in ..., nahe der Grenze, hätte es schwere Straßenkämpfe mit westlichen Banden, mit Panzern und MGs, gegeben. Die Volkspolizei hat sie natürlich vertrieben. Leute in Leipzig, die Verwandte in ... haben, sind besorgt angekommen und haben uns das Blatt gezeigt. Natürlich ist kein Wort war! Die kleine Stadt ist so langweilig und schmutzig wie immer. An der Grenze werden Sperrgürtel von 500 m und 5.000 m Tiefe errichtet. In dieses Gebiet darf man nur mit besonderem Ausweis oder Extragenehmigung hinein. Die Bevölkerung soll einen Stempel in den Ausweis bekommen, morgen haben alle im Gasthof zu erscheinen. Alle? Versammlungen sind doch verboten? Auf einmal sind die Bestimmungen aufgehoben.

Die Menschen sind völlig deprimiert. Man sieht ihnen an, was sie denken. Das war ihnen noch geblieben: Ab und zu einmal „hinüber zu gehen", Verwandte zu besuchen und einzukaufen, was es im Osten nicht gibt. Den Bauern ist natürlich klar, dass es mit ihrem Westacker ganz vorbei ist. Es ist zum Heulen ….

Viele Männer arbeiten drüben und kamen bisher sonnabends nach Hause. Was soll aus ihnen werden? Sie sind öfters beim Grenzgang geschnappt worden und mussten eine Nacht im Vopo-Keller bleiben. Ganz unterbinden konnten sie die Grenzgängerei nicht. Frau K. war eben da und fragte, ob sie ihren Mann holen solle. Was soll ich ihr raten?

Heute Nacht sollen schon ein paar Frauen und Mädchen nach drüben geflohen sein. Sie haben den ganzen Hausstand stehengelassen. Wie ist das möglich? Sie haben doch jahrelang gearbeitet, um sich Möbel und Wäsche anschaffen zu können, und nun ist das auf einmal nichts mehr wert? Nun lassen sie alles hinter sich, als hinderlicher Ballast? Ich glaube, es ist wirklich die Angst vor dem Verlust jeglicher Freiheit. Sie wissen ja, dass sie selbst nun auch „Flüchtlinge" werden, wie die, die 1945 ins Dorf kamen und gar nichts hatten. Und doch ist es anders. Der Mann ist drüben, also geht die Frau eben zu ihm. Der Pastor hat wohl Recht, wie er neulich sagte, Mann und Frau gehören zusammen ….„in Freud und Leid nicht verlassen….". Was machen da die paar Sachen aus?

27. Mai

So, unsere Pässe sind nun gestempelt. Fast alle Leute waren da. Gefehlt haben nur die, die drüben arbeiten. Sie haben nach den Reden der Kriminalpolizisten (ganz jung und ganz unverschämt!) ihr Wohnrecht in der DDR verloren. Die werden was darauf pfeifen! Unser Dorf liegt noch in der 5.000-Meter-Zone, das Nachbardorf schon in der 500-Meter-Zone. Die haben sogar noch einen zweiten Stempel bekommen. Die Kneipen sind dort sofort geschlossen worden, alle Versammlungen verboten. Die Leute tragen es mit Gleichmut, weil sie hoffen, dass nun auch die politische Schulung aufhört. Ich fürchte, sie haben sich geirrt.

An der Grenze soll ein 10-Meter-Schutzstreifen angelegt werden, die MAS kam schon mit Treckern und hat den Streifen umgepflügt, ohne Rücksicht auf die Saat. Wieviel Hektar sind auf diese Weise vernichtet worden? Korn und Kartoffeln, die dort hätten wachsen können, werden nun fehlen. Aber wer kümmert sich darum? Es ist wie in einem Irrenhaus.

Nach dem Pflügen sind sie mit Eggen gekommen. Nun harken sie die 10 Meter glatt, damit man sehen kann, ob jemand darauf gegangen ist. Genau wie 1941 in Russland! Da war der geeggte Streifen auch da, nur mit dem Unterschied, dass er bewacht war. Alle 100 Meter ein

Wachturm. Der wird hier auch noch kommen. Wie in Russland!

Halt
Hier
Zonengrenze
Bundesgrenzschutz

Gegen wen soll sich die Absperrung eigentlich richten? Es heißt immer: gegen die westlichen Agenten und Saboteure. Jeder weiß, dass das nicht stimmt. Schließlich müssen die Leute in den Grenzdörfern ja wissen, wie es zugegangen ist. Von Westen kamen nur Fußgänger, manchmal wohl auch, um zu handeln. Aber wie viel Funktionäre sind nach drüben geschickt worden? Sie wurden sogar von der Polizei an die Grenze gebracht, meist am hellen Tage. Später kam es zu oft vor, dass die Leute ganz offen schimpften: „Wir dürfen nicht rüber und die werden rübergebracht". Da haben sie ihre Leute nur noch nachts rübergeschleust.

Ich glaube einfach, wir sollen abgesperrt werden, damit sie uns besser belügen können und wir nichts mehr vom Westen hören. In den Zeitungen stehen schon die „Dankadressen" des „Volkes" an die Regierung für die „Sicherung der Grenze".

Dr. K. ist im Dorfe, habe ihn vorhin gesehen. Er erzählte, dass er an der Benutzung der Chaussee, die ca. 300 m von der Grenze entfernt entlangführt, gehindert werden sollte. Er hat sich aber nicht aufhalten lassen. Da haben sie ihm erlaubt, die Straßen zu benutzen, aber der Kommissar ließ es sich nicht nehmen, ihn persönlich auf die Gefahr aufmerksam zu machen. „Die Straße liegt unter Beschuss!"

So ein Quatsch! Es ist kein einziger Schuss gefallen, aber ich glaube, der Mann hat es tatsächlich selber geglaubt. Typische Psychose!

28. Mai

Die Seuchensperre besteht immer noch; dazu nun noch die Grenzsperre. Es reicht uns. An den Wegen, die über die Grenze führen, sollen Gräben ausgehoben werden. Die Bauern, bei denen die Seuche erloschen ist, dürfen wieder auf die Felder.

J. war vormittags bei mir. Er hat an der Grenze den Sohn von P. getroffen. Der hat ihn gebeten, seiner Frau was zu bestellen. Er will es aber nicht selber tun, weil das auffällt. Na gut, ich war eben dort, habe Frau P. die Grüße bestellt: Sie solle alles stehen- und liegenlassen und rübergehen. Frau P. war restlos fertig: „Nein, das kommt gar nicht in Frage! Ich habe mein Leben lang für die Sachen gearbeitet! Nein!".

Ich kann sie ja verstehen. Wer weiß, was ich in solchem Fall tun würde?! Aber ist die Frau nicht Sklavin ihrer Sachen? Das ist eine harte Rede, wer kann sie vertragen? Nichts haben und ein Herr sein, stimmt denn das? Wer wählt das freiwillig? – Ich finde mich da nicht mehr durch.

Z. und U. sind heute Nacht zurückgekommen. Sie haben ihre Arbeit im Westen beendet und sich bei der Polizei gemeldet. Sie wollen hierbleiben. Der eine hat ein eigenes Haus. Wenn das man gutgeht.

29. Mai

In ... dorf haben sie Leute, die ihr Leben lang dort wohnten, von Haus und Hof vertrieben! Sie durften ihre Sachen auf LKWs aufladen und sind auf Staatskosten in einen anderen Kreis gebracht worden. „Evakuierung zur eigenen Sicherheit" wird das genannt. Die Betroffenen sollten sogar unterschreiben, dass sie damit einverstanden seien. Der Besitz am alten Ort geht verloren, die Leute bekommen am neuen Ort etwas anderes zugewiesen. Ich kann mir nicht vorstellen, dass es besser ist, als das, was sie hatten.

Frau P. hatte Martha erzählt, die „Evakuierten" waren meist Leute, die politisch abseits standen; ich kann mir denken, dass da viel persönliche Rache mitspielt.

30. Mai

Jetzt sollen sie auch Pfarrer verschleppt haben. Die Bevölkerung ist still und stumm. Nun packt jeden die Angst, dass er der Nächste sein könnte. Wohin mögen sie die Evakuierten eigentlich bringen?

Ich fragte gestern Abend den Pastor, ob das mit seinen beiden Amtsbrüdern stimme. Er bestätigte es. Sie sind, von einer großen Gemeinde begleitet, unter dem Gesang „Lobe den Herrn" in die Lastwagen gestiegen. Geschehen ist es wegen politischer Unzuverlässigkeit der Betreffenden. Was heißt das? Sie haben Lüge Lüge genannt, weiter nichts.

Auf der Straße traf ich G. „Man habe Angst zu leben!", sagte er mir. „Nein, die habe ich nicht, nur eine unbändige Wut." Die Wut des Ohnmächtigen, der nur die Fäuste ballen und auf die Stunde warten kann.

Jeder muss jetzt um 22 Uhr zu Hause sein. Niemand darf noch auf der Straße angetroffen werden. Vorhin haben sie es ausgeklingelt. Es rührt nun schon keinen mehr.

31. Mai

Auch in anderen Städten, die direkt an der Grenze liegen, sollen Evakuierungen in starkem Maße stattgefunden haben. Es ist ein großer Jammer gewesen, und die Bevölkerung soll laut protestiert haben. Zuverlässige SED-Mitglieder waren als Transportarbeiter dabei, das ganze unter Polizeibewachung.

Heute früh brachte N. die ersten Nachrichten, dass Evakuierte aus den Grenzbezirken nach Westen geflohen sind. Die Glocken läuteten das Pfingstfest ein, Gottesdienst darf immer noch nicht sein. Dabei brauchen wir ihn. Wir hätten auch nötig, dass die Gemeinde sänge: „Komm, heiliger Geist, erfülle die Herzen Deiner Gläubigen!"

Frau B. kam auf mich zu: wer wird von uns dran-
kommen? J.s sind schon ganz unruhig, sie
rechnen fest damit, dass sie fortgeholt werden,
ihr Soll vom vorigen Jahr haben sie ja noch
nicht erfüllt.

1. Juni, Pfingsten

Heute Nacht fuhr ein Trecker durch das Dorf. Ich habe tatsächlich aufgehorcht, wo er wohl halten würde. Ich konnte den Gedanken nicht loswerden, nun wird sicherlich jemand fortgeholt, vielleicht wir selber.

Die Glocken haben wieder geläutet, aber sie riefen nicht zum Gottesdienst. Wie oft haben sie umsonst geläutet, heute würden wohl viele hingehen, nun geht es nicht.

4. Juni

Z. und U. sind heute Morgen von berittener Vopo aus dem Dorf gebracht worden, Richtung Westen. Durch ihre Arbeit im Westen hätten sie ihr Wohnrecht in der DDR verloren. Sie durften nichts mitnehmen. Die Frauen gingen weinend nebenher und begleiteten ihre Männer bis an die Grenze.

Im Nachbardorf sitzen zwei Kripos, die erklärt haben, sie warten nur auf die Aufhebung der Seuchensperre, um dann die Evakuierung bei uns zu machen. Das ist natürlich schnell überall bekanntgeworden. Ich überlege mir, was ich wohl tun würde, wenn sie zu mir kommen. Soll ich dann nach Westen gehen? Oder soll ich es über mich ergehen lassen? Ich weiß es noch nicht.

Ein paar Bauern haben kranke Rinder notgeschlachtet. Das Fleisch war vollwertig und sollte abgeholt werden. 4 Tage hat es im Freien gehangen, es begann bei dem warmen Wetter schon zu stinken, aber niemand kam. Nun ist es heute abgeholt worden und soll in die Fabrik kommen, in der für die HO Würstchen gemacht werden. Mir ist der Appetit an Würstchen für lange Zeit vergangen.

7. Juni

Die Vopos haben Prämien für Absperrdienste bei Evakuierungen bekommen. Wer einen an der Flucht hinderte, bekam Geld. Nun sind sie alle in der Kneipe und trinken. Einige erzählen von den Szenen, die sich bei der Austreibung abgespielt haben. Die Leute haben dabeigestanden und laute Verwünschungen auf die Regierung ausgestoßen. Aber die Häuser der Ärmsten seien umstellt gewesen, und es sei für sie nicht leicht gewesen, zu entkommen. Und dafür gibt es nun Geld! Geld, an dem Tränen hängen. Der eine Polizist schämte sich richtig. Ein Fahrer erzählte, dass er verpflichtet worden war, Evakuierte zu fahren. Eines Abends wurde er zur Polizei geholt und dort festgehalten. Am frühen Morgen ging es dann los. Mitnehmen dürfen die Leute, was auf die bereitgestellten Wagen hinaufgehe; dabei sei man großzügig. Aber das Abladen ging dann schon anders zu. Die Möbel würden heruntergeworfen, und jeder könne sehen, wie er sie in die bereitgestellten Barackenunterkünfte hineinbekomme. Es sei auch vorgekommen, dass Leute in Omnibusse steigen mussten, während die Möbel auf Lastwagen verladen wurden und nachkommen sollten. Keiner weiß, ob sie ihre Sachen jemals wiedergesehen haben. Die Fahrer haben für ihren Dienst Alkohol erhalten.

8. Juni

Heute wird der alte Mann beerdigt, den seine Frau nicht im Krankenhaus besuchten durfte. Er war ein Flüchtling und hat Schweres erlebt. Sein Sohn arbeitet im Westen; die Mutter hofft, dass die Polizei ihn über die Grenze lässt. Es wird nichts werden.

10. Juni

Der Junge durfte nicht kommen. Er stand an der Grenze und sah in der Ferne den Leichenzug zum Friedhof fahren. Das war alles, was er noch einmal von seinem Vater sehen durfte. Die Glocke wird er gehört haben.

Wer noch nicht gewusst hat, was Unmenschlichkeit ist, der weiß es jetzt.

Diese Nacht hat I. auf der Polizeikommandantur gesessen. Ein Posten traf ihn kurz nach 22 Uhr auf der Straße und nahm ihn mit. Er ist überhaupt nicht verhört worden. Morgens hat man ihm erklärt, er könne gehen. Hätte er gegen die Festnahme protestiert, wäre er sicher länger festgehalten worden.

11. Juni

Gestern ist die Sperre aufgehoben worden. Aber der Omnibus darf noch nicht bis zu uns fahren, weil er die gesperrte Straße unmittelbar an der Grenze benutzen müsste. Dies gilt natürlich als gefährlich. Wir müssen 4 km bis zum nächsten Dorf laufen und dort einsteigen.

Heute Abend ist die erste Andacht in der Kirche. Der 10-Meter-Streifen ist fertig, nun wird eine entsprechende Schneise in den Wald geschlagen.

Die Leute erlebten heute Morgen eine böse Überraschung. Als sie auf ihre Felder wollten, mussten sie wieder zurück. Im 500-Meter-Strei-fen kann nicht jeder einfach auf sein Feld ge-hen. Landarbeit muss einen Tag zuvor ange-meldet und genehmigt werden. Wer es unterlässt gilt als „fluchtverdächtig" und kann verhaftet werden. Die Felder sind nun eingeteilt. Jeden Tag darf nur ein bestimmtes Stück Acker betreten und bearbeitet werden, also am Mon-tag der Waldschlag, Dienstag die Felder am Berge usw. Natürlich sind die Bauern böse, aber sie sagen nichts. Was nützt es auch? Wie das bei der Ernte werden soll, weiß kein Mensch.

12. Juni

Mit C. hatte ich heute ein langes Gespräch. Er hat durch die Seuche besonders viel Vieh ver-loren. Mit dem Soll vom vorigen Jahr ist er auch noch nicht im Klaren. Er sagte: „Sie machen uns Bauern alle fertig, bis wir soweit sind, dass wir freiwillig in die Produktionsgenossenschaft ge-hen. Aber von allein gehen wir nicht".

Ich fürchte, seine Lage ist viel schlimmer, als er denkt. Dreimal war er schon wegen Nichterfül-lung des Solls verhaftet. Aber er kam bisher im-mer noch nach einigen Tagen zurück. Ob er auch noch wiederkommt, wenn Anklage wegen Sabotage erhoben wird? Wenn er nicht genug

erntet, ist das seine Schuld! Er hat nicht fort-
schrittlich genug gewirtschaftet. Was hat man
nur aus den Bauern gemacht? Einst die stolzes-
ten und freiesten Menschen, heute – weniger
als Tagelöhner!

Die Abendandacht war gut besucht. Die Kirche
war fast voll. Der Pastor predigte über das Wort:
„Wir wissen nicht, was wir tun sollen, aber unsere Augen sehen auf Dich, Herr."

Es stimmt ja auch. Keiner weiß, was er machen
soll. Aber weitergehen muss es. Also fällt alles
in den alten Trott. Und damit steigt die Angst.
Es bleibt nur eins: auf den sehen, der über alles
Herr ist.

Viele haben in diesen Tagen nur eine einzige
Frage auf dem Herzen: Werde ich evakuiert?
Eine Antwort darauf kann niemand geben, aber
ich denke, geholfen hat es ihnen schon. Im
Schlussgebet gedachte der Pastor derer, die
ihre Heimat verlassen mussten. Allerhand Mut
gehört dazu! Was wohl der Spitzel, der bestimmt in der Abendandacht war, damit angefangen hat? Sicher wird er das irgendwo berichten. Nicht einmal Andachten gibt's ohne

Bespitzelung. Wenn auf uns hier in der DDR ein Bild aus der Bibel passt, dann das von Joseph, der von seinen Brüdern an die Händler verkauft und nach Ägypten – also in die weite Ferne - gebracht wurde. Das ist unsere Lage.

Heute Mittag erschienen im Dorf zwei große Omnibusse mit Arbeitern aus der Stadt. Sie haben den Auftrag, auf der Chaussee, die nach Westen führt, Gräben auszuheben. Damit wollen sie verhindern, dass Panzer aus dem Westen unbemerkt die Grenzdörfer überrollen. Die Arbeiter bekommen für ihre Arbeit 100 Prozent Gefahrenzulage, weil sie eventuell beschossen werden könnten. Sie sprechen kaum, nur einer schimpft laut. Als ich ihn frage, warum er denn eine Arbeit mache, die ihm nicht gefiele, antwortet er: „Wir sind hierher verpflichtet, wir können uns nicht dagegen wehren." Von den anderen hatte ich den Eindruck, als schweigen sie, weil es sich nicht mehr lohnt, sich allzusehr damit zu befassen.

Einer von den Arbeitern soll unmittelbar an der Grenze gearbeitet haben. Beeilen tut sich übrigens niemand, sie erhalten Stundenlohn. Der eine hat, wie der junge P. erzählte, seine Spitzhacke ganz ruhig hingelegt, sich in den Straßengraben gesetzt, seine Zigarette geraucht und laut und deutlich auf das bestehende System geschimpft. Als er fertig war ist er aufgestanden und über die Grenze gegangen. Er hat noch einmal mit der Hand zurückgewinkt. Seine Kollegen riefen ihm nach: „Deine Jacke!" Aber er hat sie liegenlassen. Er war Maurerpolier von Beruf und erhält drüben für die Stunde 1,80 DM West. Ledig soll er auch gewesen sein, auf wen sollte er also Rücksicht nehmen? Ich frage mich oft, wer denn nun eigentlich hinter diesem System steht. Hier im Dorf sind es Sch. und G. Für beide haben sie den Ast der Eiche schon bestimmt, an dem sie bei einem Wechsel hängen werden. Mir behagt das nicht. Dann reißt ja die endlose Kette der Rache nie ab. Rache und Strafe sind eben nicht dasselbe. So, wie hier im Dorf, sieht es überall aus. Es sind nur einige Wenige, die mit Terror die anderen beherrschen. Sie können sich dagegen nicht wehren, nur schweigen. Denn wer etwas gegen das

System tun würde, wäre sehr bald denunziert und verschwunden.

So wartet alles auf Hilfe, vielleicht aus dem Westen. Diese Hilfe soll nicht so aussehen, dass eines Tages die Panzer gen Osten rollen. Der Westen muss aber wirklich ein Staat sein, in dem alles möglichst in Ordnung ist, und der damit von allein als Beispiel wirkt. Anders kann der Westen ja auch nicht helfen.

Gestern habe ich eine Sendung im Rias gehört: „Haltet Euch zur Kirche!" Wenn wirklich eineechte Gemeinde, auch eine ganz kleine, vorhanden wäre, dann gäbe es hier den Ansatzpunkt für ein Neues.

Es ist schon ein großer Jammer: nach diesem Kriege ist das Dorf tief gesunken, tiefer, als nach dem vorigen Kriege die Stadt absank.

1813 war es der christliche Glaube, aus dem sich ein ganzes Volk erneuerte. Wäre er es heute noch? Ich weiß es nicht, er könnte es sein. Jedenfalls halte ich das für echter, als das Märtyrerideal, das heute in der Kirche umgeht.

Ich frage mich oft, wie sich die heranwachsende Jugend später einmal entscheiden wird. Die Jugend, die nichts anderes kennt. Niemand darf behaupten, dass sie unbedingt kommunistisch ist oder werden wird. Wenn ihr etwas anderes gezeigt würde, was wirklich echtes Leben in sich hat, könnte es sie beeinflussen, so dass sie den Betrug erkennt. Aber das andere müsste wirklich „echt" sein!

13. Juni

H. hat heute Nacht zusammen mit seiner Frau seinen großen, kostbaren Besitz verlassen und ist nach Westen gegangen. Alle sind entsetzt. Es ist, als wäre jemand gestorben, der von allen geachtet war. Niemand weiß, warum dieser Mann gegangen ist. Vielleicht hat er eine Warnung erhalten, dass er evakuiert werden sollte? Am frühen Morgen schon besetzte die Polizei die Privaträume und die Werkhallen; ein Auto nach dem anderen rollen an. Auch P. ist von der Kripo verhört worden. Er soll Herrn H. mit seiner Frau nachts durch seinen Garten an die Grenze gebracht haben. P. bestreitet das. Auch nach Wertsachen wurde bei ihm gesucht, aber ohne Erfolg. Gott sei Dank!

Die Grenze wurde sofort stark besetzt, die Polizisten haben den Auftrag, zu verhindern, dass etwas über die Grenze geschafft wird, was H. gehört. P. steht unter Beobachtung. Um seinen Garten stehen Posten, einer sitzt im Baum und sieht zu, was er im Garten tut.

Man hat den Polizisten erzählt, H. wäre geflüchtet, weil er 30.000 DM Schulden gehabt hätte. Aber das glauben sie nicht, weil ihnen diese Summe gegenüber dem Wert des Gesamtbesitzes nicht hoch genug erscheint. Am meisten haben die Polizisten gestaunt, dass H. und seine Frau keine Berge von Kleidung und Wäsche gehabt haben. In den Schränken ist nicht viel vorhanden. Sie behaupten aber glatt, dass irgendwer alles Wertvolle an sich genommen hat. Aber wer? Über den stillen Hof, auf dem sonst höchstens die Lastwagen hielten, schallen Radio und Grammophon, die auf volle Lautstärke gestellt sind. Aus den Fenstern hängen Vopos.

G. hat sich angeboten bei der „Bestandsaufnahme" zu helfen. Das ist wirklich der Inbegriff der Charakterlosigkeit. Er geht durch die Räume und schreibt alles auf. Das dauert bis zum späten Abend. Inzwischen sind noch mehr Polizisten angekommen. Der kommunistische Bürgermeister, der nicht fähig ist, eine Urkunde in das Standesamtsregister richtig einzutragen, ist ebenfalls dabei. Im Keller hat man Alkohol gefunden, die Stimmung steigt, der Lärm wächst. Am Abend gibt es großen Krach. Ein Vopo soll mit G's Tochter angebändelt haben. Als G. die beiden findet, ist es selbst diesem Burschen zu viel. Er bringt seine Tochter nach Hause. Bald darauf weiß es aber das ganze Dorf.

Ich muss immer wieder an Ernst Wiechert denken, der in einem seiner Bücher davon schreibt, wie die Knechte in des Herrn Wohnung einbrechen und alles zertrampeln. Hier sind die „Knechte" aber nicht etwa die Arbeiter. Deren Haltung ist untadelig, auch in den Verhören. Sie sind voll Verachtung und zeigen es deutlich! Was wird aus dem Besitz und was wird aus uns?

14. Juni

H. war der erste, der von hier fortgebracht werden sollte. Einer der Kriminalpolizisten hat es zugegeben. Es ist erstaunlich, wie das schlechte Gewissen doch die eigenen Leute dieses teuflischen Systems nicht schweigen lässt. Im Dorf ist man sogar froh, dass H. selbst gegangen ist, und dass es gut ausgegangen ist. So einfach ist das nicht mehr. Es sind zwar nur 800 m bis drüben, aber nachts patrouillieren Russen an der Grenze. Die Polizisten haben Schießbefehl auf jeden, der sich dem 10-Meter-Schutzstreifen nähert. Ob es auch alle tun würden?

15. Juni

Ein junges Mädchen aus G.-hausen wollte gestern mit ihrem Freund zu dessen Eltern reisen. Sie gingen morgens zum Nachbardorf, um mit dem Bus in die Stadt zu fahren und von dort dann weiter. Kurz nach der Abfahrt hat sich dann ein Polizist hinter sie gesetzt, im nächsten Dorf hat er sie dann beide verhaftet. Sie stünden „unter Fluchtverdacht", das heißt, sie wollten nach dem Westen übersiedeln. Dahinter steckt ein Stückchen Wahrheit: der Vater des Mädchens hat mehr Land im Westen als in der DDR, außerdem direkt an der Grenze, aber schon im westlichen Gebiet, ein gutes Gehöft. Er hat wohl einmal vorgehabt, diesen Hof wiedereinzurichten und von hier aus sein Land im Westen zu bewirtschaften. Er wird es auch erzählt haben. Als gestern die Tochter mit ihrem

Freund die Reise antrat, hat die Polizei wohl ge-
dacht: aha, jetzt bekommen die beiden den Hof
drüben. Der Gedanke ist gar nicht mal schlecht,
nur diesmal hat es nicht gestimmt.

Heute wurde bekannt gemacht, dass das Soll
wegen der Maul- und Klauenseuche gesenkt
worden ist. Richtige Freude ist darüber nicht
entstanden, denn der Erlass ist abgestuft. Wirt-
schaften bis 10 Hektar haben 20 Prozent Soll-
Senkung, darüber nur 10 Prozent. Warum nun
diese verschiedene Einstufung? Haben die größeren Höfe nicht auch mehr Verluste bei der
Seuche gehabt, als die anderen? Ist es auch

Wahnsinn, hat es doch Methode! Die größeren Höfe sollen getroffen und so allmählich kaputtgemacht werden.

Der Pastor darf im Nachbardorf keinen Gottesdienst mehr halten. Das Gotteshaus steht im 500-Meter-Schutzstreifen, in dem keine Versammlung mehr stattfinden darf. Die Gelegenheit ist günstig: die Kirche wird gleich mit erledigt.

<u>16. Juni</u>

Bauer W. soll heute Bäume für die Polizei abfahren. Es handelt sich dabei um die Bäume, die im 10-Meter-Schutzstreifen standen und geschlagen worden waren. Sie sind Privatbesitz, aber sie gehören nun dem Staat, der angeblich eine Entschädigung zahlen will.

Niemand glaubt das. Morgens erschien ein Polizist bei W. und befahl in barschem Ton, er habe die Bäume abzufahren. W. wehrte sich, er könne heute nicht, er fahre Mist. Morgen sei es möglich. „Wenn Sie nicht wollen, rufen wir in … an, und Sie werden abgeholt. Dann sind Sie Pferde und Hof los, und wir machen damit, was wir wollen!" Das sagte der Polizist. W. hat dann also die Bäume abgefahren. Was sollte er auch schon tun?

Im Nachbardorf hatte ein Arbeiter vom Volksgut direkt an der Grenze zu arbeiten. Drüben, nur getrennt durch den 10-Meter-Schutzstreifen, stand ein Zöllner. Die beiden sahen sich an. Der Zöllner wollte sich unterhalten. Der Arbeiter wollte nicht. Der Mann im Westen höhnte: „Du hast wohl Angst?" Ja doch, er hatte Angst. Ihm war ja streng verboten, mit westlichen „Agenten" zu sprechen. Er wusste, dass nicht weit von ihm, hinter einer Hecke, zwei Vopos standen und ihn durch das Glas beobachteten.

17. Juni

Vor ein paar Tagen sind an „besonders gefährlichen Stellen" an der Grenze Drahtverhaue gezogen worden. Zur Sicherung der Grenzbevölkerung natürlich!

Mir will oft scheinen, als wäre die Angst, die den Westen zunächst vor dem Osten befallen hatte, nun auf den Osten übergegangen war.

Heute war ein Auto mit dem Ost-Berliner Kennzeichen im Dorf. Wir wussten sehr bald, dass Funktionäre der Berliner SED hier gewesen waren, um sich von der Stimmung der Bevölkerung an der Grenze zu überzeugen. Sie haben die Leute auf dem Feld angesprochen, die nicht wussten, wen sie vor sich hatten und diese haben ihren ganzen Groll und alle Erbitterung über die Absperrung ausgeschüttet. Die Berliner waren selbst erschüttert, vor allem über den 10-Meter-Schutzstreifen, die Gräben und die Drahtverhaue an der Grenze. „Wir haben den Bericht darüber für westliche Propaganda gehalten!" Aber wie werden ihre Berichte nun aussehen? Sie dürfen in Berlin doch nicht die Wahrheit sagen. Das können sie ja auch nicht wagen!

Wir hatten aus K… 30 km östlich, schon gehört, dass als Gerüchtemacher gilt, wer vom 10-Meter-Schutzstreifen und ausgehobenen Gräben an der Grenze weiter im Lande drin zu sprechen wagt.

Die ganze Situation ist so niederdrückend, vor allem, weil man nicht weiß, was man dagegen tun soll. Es gibt nicht einmal die Möglichkeit, sich hiergegen zu wehren. Es ist nur möglich, auf eine andere Zeit zu hoffen und alles getrost zu ertragen. Aber es widerstrebt mir, mich damit zu begnügen. Sollen und müssen wir nicht auch etwas tun? Aber was?

18. Juni

P. erzählte mir heute, dass er seit Aufhebung der Sperre an seine Tochter im Westen öfters ein Paket geschickt habe. So sei jetzt bei ihm ein Polizist erschienen und habe ihm gesagt: „Schicken Sie nicht immer soviel nach Westen! Sie stehen sonst im Verdacht, Ihre Flucht nach Westen vorzubereiten!"

19. Juni

Gestern Abend war ich mal wieder im Kino. Ich bin hier nie gern hingegangen. Der Raum ist meist kalt, im Sommer heiß, außerdem sind die Stühle schlecht. Zum rechten Genuss eines guten Films gehört nun einmal ein weicher Sessel, in dem man behaglich sitzen kann.

Meist werden russische Filme gezeigt. Die will ich nicht sehen. Gestern aber war es tatsächlich mal ein neuer deutscher Film, in der DDR hergestellt: „Das Kalte Harz", nach dem Märchen von Wilhelm Hauff. Die kommunistische Wochenschau ist jedes Mal dabei. Niemöller in Großformat hinter einem blumengeschmückten Pult, Pieck lächelnd und dick, Ulbricht wie der Leibhaftige.

Der Film war nicht schlecht, ich sah ihn gern. Kaum aber war er vorbei und das Licht wieder eingeschaltet, als der Vorführer vortrat und zu sprechen anfing: „Sie sahen den Film „Das Kalte Herz". Denken Sie bitte täglich, dass es nicht nur ein Märchen ist, sondern hier, nicht weit von Ihnen, beginnt das Land, wo Menschen mit dem kalten Herzen … usw." Ekelhaft! Man kann tatsächlich nicht einmal mehr ins Kino gehen.

20. Juni

Heute früh Frau Z. im Garten getroffen, die einen völlig verstörten Eindruck machte. Sie war den Tränen nahe. Ich bat sie ins Haus, musste doch erfahren, was die Frau quält. Sie weinte, und ich versuchte auch gar nicht, sie zu trösten. Schließlich wurde sie ruhiger.

„Wir gehen heute!"?"

„Was ?? Warum nur?" Mir wurde sofort klar, dass sie damit den Fortgang in den Westen meinte.

„Wir können nicht mehr! Wir können unser diesjähriges Soll nicht einmal zur Hälfte erfüllen, und vom vorigen Jahr ist auch noch ein Rest. Die Kasse hat uns den Kredit gekündigt. Sie hat es wohl tun müssen. Haben Sie gelesen, was Ulbricht auf dem Parteitag der SED von Bauern gesagt hat, die mehr als 100 Morgen haben? Sie seien alle Verbrecher und sabotieren die Erzeugung. Sie müssen alle eingesperrt werden. Wenn wir nun nicht abliefern können, wie wir sollten, werden mein Mann und vielleicht auch ich bestimmt eingesperrt. Haben Sie gesehen, wie mein Mann aussieht? Er wird immer weniger! Nachts schläft er unruhig. Oft fährt er im Schlaf auf und schreit. Wenn der längere Zeit im Gefängnis sitzt, ist er nicht mehr."

Ich spürte sofort: Die Flucht ist beschlossene Sache, da ist nichts mehr zu raten und zu mahnen. Aber Frau Z. war viel zu aufgeregt und würde sich dadurch verdächtig machen. Vielleicht hatte sie es auch schon anderen erzählt.

Ich fragte sie, wann es losgehen sollte.

„Heute Nachmittag gegen 14 Uhr. Wir nehmen den Ackerwagen und die beiden Pferde und fahren zu dem Gerstenschlag an der Grenze.

Wenn niemand da ist, sind wir ja auch gleich drüben. Das Schlimme ist nur, dass mein Mann den Wagen ziemlich beladen hat. Wäsche und Kleidung, die Büchsen mit dem Geschlachteten, das Radio, Silber – alles ist drauf. Wenn sie uns damit erwischen, sind wir erledigt. Dann hängen wir uns auf!"

Ich konnte mir vorstellen, dass sie das tun. Wie sollte man da helfen?

Ich habe den ganzen Nachmittag am Fenster gestanden und zu Z's rüber gesehen.

Kurz nach 14 Uhr verließ der Ackerwagen den Hof; Z. ging nebenher, sie saß obendrauf. Das konnte nicht auffallen, denn die Gerste steht in Stiegen und muss hereingeholt werden. Aber wenn nun Polizisten an der Grenze sind?

Ich ging später zum Dorf hinaus und beobachtete den Fortgang. Der 14jährige Sohn fuhr mit dem Fahrrad hinterher. Er stieg immer wieder ab und blickte zurück. Schließlich ist der Wagen auf dem Gerstenfeld. Sind das nicht zwei Polizisten, die auf Z. zugehen? Sie reichen sich die Hand, sie reden miteinander! Was müssen das für Minuten sein? Z. lädt einige Stiegen auf, die Polizisten gehen wieder in den Wald zurück. Ich beobachte sie. Sie haben keinen Argwohn geschöpft, sie sehen nicht einmal hinter sich. Z. hat wohl auch genau achtgegeben. Jetzt treibt er die Pferde an und in leichtem Galopp geht es über die Grenze, in den Westen hinein. Erst als sie weit genug fort waren, hielten sie an. Nun konnte man aber nichts mehr erkennen.

Sie haben einen Hof verlassen, der einmal der reichste im ganzen Dorf war. Vertrieben durch den Kommunismus. Im Jahr 1952! 7 Jahre nach dem Krieg.

22. Juni

Mit dem alten B. über die Lage geredet. Es ist nur gut, dass man sich noch hin und wieder aussprechen kann. Er war heute Vormittag mit auf dem Berg. Die Schlagbäume waren geöffnet. Da die Leute an den anderen Tagen sonst nicht auf die Felder an der Grenze dürfen, war alles draußen. Am Nachmittag vorher stand eine lange Schlange vor der Polizeikommandantur, um sich anzumelden. Nur wer das getan hatte, durfte auf dem sonst verbotenen Feld arbeiten. Die Polizei geht dann von einem zum anderen und kontrolliert die Ausweise und die Eintragungen in die Liste. In den ersten Tagen musste jeder selbst bei der Polizei erscheinen und sich anmelden. Jetzt kann es der Bauer für alle tun, die bei ihm arbeiten. Vorsichtigerweise meldet er alle an, ganz gleich, ob er sie an diesem Tage auch wirklich braucht.

Die MAS (Maschinenausleihstation) war auch erschienen und mähte Gerste oder pflügte die bereits abgeernteten Rapsfelder um. Sie arbeiteten mit Hochdruck. N., der MAS-Leiter, soll ständig im Druck sein, ob er sein Soll auch erfüllt. Die Bauern waren alle in der Nähe. Auch B., ein Neubauer, dem es merkwürdigerweise gut geht. Er hat vieles im Westen verkauft, „verschoben" sagen die Grenzbewohner. Er hat immer Geld, er trinkt viel und ist freigebig. Wer ihm bei einem Gelage in die Hände fällt, ist verloren. Dabei ist er ganz vernünftig. Auf einmal sehen sie N., den MAS-Agronomen, laut schreiend auf den Rapsstrohhaufen zulaufen. Er rannte um ihn herum und schreit noch mehr.

Was mag da los sein? B. ist in unmittelbarer Nähe und geht hin. Es ist ein Jammer um den Mann, denkt B. und glaubt einen Irrsinnigen zu sehen. Aber nein, er hat sich geirrt! Der Mann kommt auf ihn zu, schreit immer noch, und nun versteht er: „Ein Saboteur, ein Spion, ein Agent! Ich habe ihn gesehen! Er stand oben auf dem Haufen!" Also doch verrückt geworden, denkt B.

„Er wollte unsere Trecker demolieren, damit wir nicht weiterkönnen", schreit der Mann. B. wird wütend. „Bist Du verrückt geworden? Hier war doch kein Mensch, was ist bloß los mit Dir? Mit diesem Blödsinn machst Du uns nichts vor! Wie soll hier ein Agent herkommen?" Der Mann läßt sich nicht beruhigen. „Ich schaffe mein Soll nicht!"

„Ach so", sagte B. „das ist es also. Du schaffst nicht, was Du sollst, und nun machst Du Dir selbst was vor und redest in der Stadt dann was von Saboteuren und Agenten. Mach, dass Du hier fortkommst! Wir sind doch bloß wieder die Leidtragenden."

B. soll vor Wut über den Schwindel gekocht haben, den der Mann bestimmt selbst geglaubt hat. Der alte B. war ganz sprachlos, als er es mir erzählte. Es ist die reine Psychose, in die das System die Menschen hineintreibt.

24. Juni

Ich überlege immer wieder: Was kann man als einzelner tun, dass der Kommunismus überwunden wird. Ich glaube dies: Bei sich selbst und in seinem Umkreis alles das beseitigen, was Nährboden für ihn ist. Letzten Endes ist es das, was im Gleichnis vom „Barmherzigen Samariter" berichtet wird! Da gehen ja auch zwei Gestalten vorbei, weil sie nicht „zuständig", oder weil sie das Gesetz der Liebe nicht kennen. Nur einer beugt sich zu dem Zerschlagenen und hilft ihm. Ich will ihm nachfolgen und suchen, wo welche liegen, die auch unter die Räuber gerieten. Ich will ein Christ sein.

Damit enden die Tagebuchaufzeichnungen abrupt. Es kann nun angenommen werden, dass der unbekannte Autor auch verhaftet wurde oder aber umgesiedelt.

Dennoch ist dieses Tagebuch ein Zeitdokument, auch wenn es nicht möglich war, Autor und Ort der Handlung zu ermitteln.

Bildnachweis

Wir haben uns bemüht, bei allen hier verwendeten Fotos, Zeichnungen und Grafiken die Rechteinhaber ausfindig zu machen, sofern die nicht bei uns liegen. Falls es dessen ungeachtet Rechteinhaber geben sollte, die wir nicht recherchieren konnten, so bitten wir um Nachsicht und um eine Nachricht an den Verlag oder Autor. Berechtigte Ansprüche werden dann im Rahmen der üblichen Vereinbarungen abgegolten.

Seite 8 - 9: Deutschland mit Besatzungszonen und Postleitgebieten 1946. Druck: M. u. R. Meier, Berlin N 65, Adolf-Podede-Str. 35, Vertrieb: E. Schwesig, Berlin N 54, Rosenthaler Str. 10

Seite 34: Ausschnitt aus Ansichtskarte, Grenze im Eckertal

Seite 50: Grafik nach Ausschnitt aus dem Bild des Bundesarchivs „Bild 146-1977-124-06", Zonengrenze, Grenzgänger, https://upload.wikimedia.org/wikipedia/commons/f/f9/Bundesarchiv_Bild_146-1977-124-06%2C_Zonengrenze%2C_Grenzg%C3%A4nger.jpg

Alle weiteren Grafiken nach Fotos aus dem Archiv Bernd Sternal.

Weitere Bücher aus dem Verlag Sternal Media

Im Anflug auf Planquadrat Julius - Caesar

Flugzeugabstürze des 2. Weltkrieges im nördlichen Harzvorland

Autor: Bernd Sternal, Werner Hartmann

Die nördliche Harzregion ist, mit Ausnahme von Halberstadt, recht glimpflich durch den 2. Weltkrieg gekommen, was die eigentlichen Kriegshandlungen betrifft. Dieser grauenhafte Weltkrieg, der 60 bis 70 Millionen Tote gefordert hat – hinzu kamen unzählige Vermisste, Invaliden, Witwen und Waisen – hat unermessliches Leid über die Menschheit gebracht. Ich habe errechnet, dass dieser Krieg genau 2194 Tage, 6 Jahre und einen Tag gedauert hat und dass in jeder Stunde dieses unseligen Krieges zwischen 1139 und 1329 Menschen ihr Leben verloren, das heißt in jeder Minute gab es 19 bis 22 Tote!

Im Buch sind eine farbige Übersichtskarte mit den Absturzorten der Flugzeuge eingefügt sowie 32 zeitgenössische schwarzweiße Abbildungen.

Taschenbuch: ISBN: 978-3-7392-1834-2

Im Anflug auf Planquadrat Kaufmann - Anton/Berta/Caesar

Flugzeugabstürze des 2. Weltkrieges in der Harzregion

Autor: Bernd Sternal, Werner Hartmann

Taschenbuch: ISBN: 978-3-7412-6650-8

Im Anflug auf die Planquadrate Heinrich-Ulrich/Anton & Julius-Ulrich/Anton

Flugzeugabstürze in den Regionen um Hildesheim-Salzgitter-Einbeck-Seesen-Goslar

Autor: Bernd Sternal, Werner Hartmann

Im ersten Band dieser Reihe haben wir uns der Nordharz-region zugewandt, im zweiten Band der eigentlichen Harzre-gion. In diesem dritten Band möchten wir über die fliegeri-schen Kampfeinsätze in der Westharzregion berichten. Unser Berichtsgebiet umfasst den Raum Hildesheim – Salz-gitter – Einbeck – Seesen – Goslar und die für dieses Ge-biet dokumentierten Flug-zeugabstürze.

Immer wenn die alliierten Bomberverbände mit ihren Begleitjägern Hannover, Braunschweig, Magdeburg, Berlin und das Mitteldeutsche Industriegebiet im Fokus ihrer Bombenabwürfe hatten, überflogen sie dieses Gebiet. Daher versuchten sowohl die deutschen Jäger, wie auch die Flak, die Bomberverbände aufzuhalten oder zumindest zu dezimieren, bevor sie ihre Zielgebiete erreichen konnten. Das traurige Er-gebnis waren zahlreiche Flugzeugabstürze auf beiden Seiten, mit vielen toten Fliegern. Jedoch auch die Zivilbevölkerung hatte schwer zu leiden. Das traurige Finale markierte der 22. März 1945. In etwa 10 Minuten war die alte Bischofsstadt Hildesheim in Schutt und Asche gelegt worden. Ein Bombenangriff ohne strategische Bedeutung – ein Kriegsverbrechen, das nur einen Zweck verfolgte: Die Demoralisierung der deutschen Bevölke-rung.

Im Buch findet man eine farbige Übersichtskarte der Flugzeug-abstürze und weitere 7 Karten und Pläne sowie 44 zeitgenössi-sche Abbildungen und Fotos.

ISBN: 978-3-7460-1703-7

Eroberer des Himmels – Erster Teil

Lebensbilder - Deutsche Luft- und Raumfahrtpioniere
Autor: Bernd Sternal

Wir jubeln Künstlern zu, Dichtern und Schriftstellern, mitunter auch religiösen Führern oder Politikern. Doch wer bejubelt schon Ingenieure und Erfinder. Bereits seit Beginn der Industriellen Revolution weisen Technikphilosophen auf die Bedeutung der Ingenieurskunst hin. Geändert hat sich bis heute nicht viel.

Ich habe es mir daher zur Aufgabe gemacht, mich mit dem Wirken von Luft- und Raumfahrtpionieren zu beschäftigen und Ihnen von einigen dieser Persönlichkeiten Lebensbilder zu zeichnen. In diesem Band finden Sie folgende Eroberer des Luftraumes: Friedrich Christiansen, Hellmuth Hirth, Max Valier, Willy Messerschmitt, Hans Ullrich Berkner, Claudius Dornier, Gerhard Fieseler, Rudolf Nebel.

Taschenbuch: 978-3-7412-6393-4

Eroberer des Himmels – Zweiter Teil
Taschenbuch: 978-3-7431-8133-5

Eroberer des Himmels, Träger des Ordens "Pour le Mérite", **Teil 3 + Teil 4**
Teil 3 - Taschenbuch: 978-3-7481-2098-8

Teil 4 - Taschenbuch: 978-3-7481-3909-6